20-Minuten-Gerichte

schneller als der Hunger

> Autor: Volker Eggers | Fotos: Kai Mewes

Inhalt

Die Theorie

Die Rezepte

Extra

Vollendeter Genuss – in 20 Minuten fertig

Fix soll es gehen und gut muss es schmecken – Schnelles in 20 Minuten ist ideal für alle, die am liebsten Gerichte auf den Tisch bringen, die in Kürze mit wenigen Zutaten und ohne großen Aufwand zubereitet sind. Viel gesundes Gemüse, Reis und Nudeln, manchmal Fleisch und Fisch, und wenige Fertigprodukte sind die Zutaten, aus denen unsere schnellen Gerichte bestehen. Lassen Sie sich verwöhnen von raffinierten Schlemmer-Ideen für Gäste, herrlicher Pasta, Würzigem aus der Pfanne, preiswerter Jeden-Tag-Küche und frischen Salaten.

Organisation ist alles

Sicher, etwas Können und Übung gehören zum schnellen Kochen schon dazu, aber das Wichtigste ist die richtige Planung: Einkauf, Vorbereitung und Zubereitung. Wer bei den Rezepten Schritt für Schritt vorgeht, gewinnt viel Zeit!

1 | Der Einkauf

Lesen Sie sich die Zutatenliste für ein Rezept genau durch. Was fehlt, auf eine Einkaufsliste schreiben. So packt man im Geschäft gezielt die Produkte in den Wagen, die wirklich benötigt werden. Noch schneller geht später das Kochen, wenn Sie vorbereitete Zutaten einkaufen: So kann der Metzger das Fleisch für Sie gleich würfeln oder in Streifen schneiden. Auch an der Käsetheke sind die Verkäufer gern bereit, Parmesan oder Pecorino frisch zu reiben.

1 *Das Rezept ist die wichtigste Grundlage zum Gelingen des Gerichts.*

2 | Die Vorbereitung

Der Fachmann nennt es »Mise en place«, übersetzt »an den Platz stellen«: Er stellt alle Geräte und Zutaten bereit, die er für die Zubereitung eines Rezepts benötigt. Und genau das sollten Sie auch tun, denn wer erst während des Kochens nach bestimmten Geräten und Zutaten sucht, verliert wertvolle Zeit. Mit einigen Tricks lässt sich die Vorbereitung beschleunigen: Zwiebeln erst halbieren und dann pellen, die Schale löst sich so viel leichter. Oder drücken Sie mit einem Messerrücken auf die Knoblauchzehe, die Haut löst sich fast von selbst.
Nehmen Sie Fleisch oder Fisch rechtzeitig aus dem Kühlschrank, damit sie Zimmertemperatur annehmen. Sie garen dann schneller und gleichmäßiger. Tiefgefrorenes, z. B. die Meeresfrüchte von Seite 28, tauen schnell auf, wenn man sie im gut verschlossenen Beutel in warmes Wasser legt und mit einer Dose beschwert.

2 *Ein perfektes »Mise en place«: Alle Zutaten und Geräte für die Zubereitung stehen am Platz.*

3 | Die Zubereitung

Wer chronologisch die einzelnen Zubereitungsschritte befolgt, geht sicher, dass alles gleichzeitig fertig ist. Die Garzeiten sind Circa-Angaben, da Elektro-, Ceran- und Gasherde unterschiedlich intensiv heizen. Nutzen Sie dann Verzögerungen, um schon die Kräuter zu hacken oder den Salat vorzubereiten. Auch Töpfe und andere Kochutensilien, die nicht mehr benötigt werden, kann man dann schon säubern. Dann geht das Aufräumen auch schnell!

Pannenhilfe

Nudelsauce ist zu dick

Dann einfach so viel Nudelwasser mit einer Schöpfkelle in die Sauce geben, bis die Konsistenz richtig ist. Andere Saucen können Sie gut mit etwas Brühe, Wein oder Fond verdünnen.

Die Eier platzen

Geben Sie dann rasch einen Schuss Essig ins Kochwasser. Er sorgt dafür, dass das Eiweiß sofort gerinnt und sich die Bruchstelle in der Schale versiegelt. So tritt kein weiteres Eiweiß aus. Damit das aber gar nicht erst passiert, Eier immer an der Luftblasenseite (das ist das rundere Ende) mit einer Nadel oder einem Eierstecher einpiksen. Nehmen Sie die Eier auch rechtzeitig aus dem Kühlschrank, denn eiskalt platzen sie schneller.

Käse schmiert beim Reiben

Manchmal ist Reibekäse, auch wenn er aus dem Kühlschrank kommt, relativ weich und schmiert. Legen Sie ihn rechtzeitig für etwa 30 Minuten ins Gefrierfach. So wird er fester und lässt sich problemlos reiben.

Wenn etwas am Pfannenboden klebt

Um das zu vermeiden, sollten Sie es wie die Profis handhaben: Sie waschen Ihre Pfanne nach dem Braten grundsätzlich nur mit heißem Wasser ab und verwenden auf keinen Fall Spülmittel. Dann die Pfanne mit etwas Öl ausreiben. So bleibt in Zukunft garantiert nichts mehr am Pfannenboden haften.

Die Nudeln kleben

Entweder haben die Nudeln in zu wenig Wasser gegart oder man hat sie während des Kochens nicht umgerührt. Da hilft nur eins: Nochmal reichlich (pro 100 g Pasta 1 l Wasser) Nudelwasser aufkochen lassen, salzen und die missglückten Nudeln im offenen Topf unter gelegentlichem Umrühren bissfest garen.

Der Reis ist angebrannt

Reis sollte man während des Quellens zwischendurch umrühren, damit er nicht anbrennt. Passiert es dennoch, den Reis vorsichtig von der verbrannten Schicht abtragen und in einem sauberen Topf mit etwas Flüssigkeit fertig garen. Am besten zusätzlich eine Scheibe Brot auf den Reis legen, die das angebrannte Aroma aufsaugt.

Die fixen Helfer

Grundausstattung: Zu ihr gehört ein kleiner, ein mittlerer und ein großer Topf, ein kleines Schälmesser, ein Fleischmesser und ein großes Gemüsemesser, ein Schneidebrett, ein Schneebesen und ein Kochlöffel. Außerdem sollten ein bis zwei Pfannen, am besten beschichtete, nicht fehlen. In ihnen kann man mit weniger Fett braten. Daneben benötigen Sie ein großes Sieb zum Abgießen von Nudeln, Reis, Gemüse und Konserven, z. B. Kidneybohnen oder Mais.

Blitzhacker: Er wird auch Universalzerkleinerer genannt. Sein S-förmiges Messer zerkleinert in Sekunden Fleisch zu Hack, reibt Brot zu Krumen, hackt Nüsse, Zwiebeln und Kräuter von grob bis sehr fein. Man kann sogar Saucen damit aufschlagen, wenn man sich für ein größeres Modell entscheidet. Mit dem Blitzhacker lässt sich z. B. Pesto ganz schnell zubereiten.
Eine preiswerte Alternative ist der Hacker, mit dem die Zutaten mechanisch auf einem Brett zerkleinert werden.

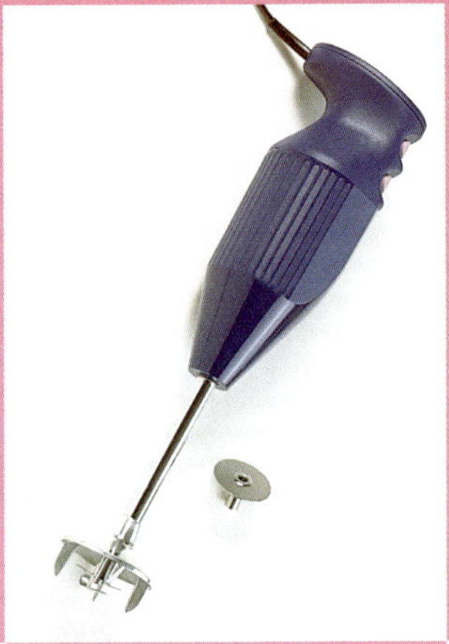

Stabmixer: Mit ihm schlägt man Saucen schaumig und zerhackt gegartes Gemüse wie Kartoffeln oder Möhren für Suppen und Pürees. Wichtig ist, dabei ein hohes Gefäß zu benutzen, damit nichts herausspritzt. Manche Hersteller bieten zusammen mit dem Stabmixer gleich ein Rührgefäß an und sogar einen Schneebesen, der einfach aufgesteckt wird. Genauso praktisch ist ein Handrührgerät mit Pürierstab; leichter und kompakter ist aber der Stabmixer.

Gemüsehobel und -reibe: Wer Gemüsescheiben, -stifte oder -raspel im Handumdrehen schneiden möchte, ist mit diesen Geräten bestens bedient. Praktisch ist eine Vierkantreibe, mit der Sie fein reiben, fein oder grob raspeln und hobeln können. Gerade das Hobeln geht besonders schnell, weil sich mehrere Klingen untereinander befinden.

Sparschäler: Mit ihm können auch Ungeübte schnell Gemüse schälen. Es gibt den so genannten Pendelschäler mit beweglicher Klinge und den klassischen Sparschäler mit zwei feststehenden Klingen.

Knoblauchpresse: Man gibt die geschälte Knoblauchzehe einfach in die Presse und drückt sie direkt ins Bratfett oder Gericht. Praktisch sind Pressen mit herausnehmbarem Siebeinsatz und Reinigungsstöpsel, die das Säubern vereinfachen.

Wiegemesser: Ob mit einer oder zwei Schneiden: Ein Wiegemesser vereinfacht und beschleunigt das Hacken von Kräutern, außerdem ist die Verletzungsgefahr viel geringer als beim Hacken mit einem großen Messer.

Salatschleuder: Ein-, zweimal an der Schnur ziehen oder kurz an der Kurbel drehen, schon sind Salate und Kräuter im Nu trocken und die zarten Blätter nicht zerdrückt. Vorteil: Trockener Salat verwässert die Vinaigrette nicht!

Wasserkocher: Er findet immer mehr Anhänger, vor allem der »cordless«, der nicht an einem störenden Kabel hängt und so das Gießen vereinfacht. Das Wasser kocht in ihm viel schneller auf als auf der Herdplatte – ideal zum Anrühren von Instant-Brühen oder für Kartoffelpüree aus der Packung oder um Nudelwasser zu erhitzen (siehe GU-Tipp 5).

Mikrowelle: Sie spart beim Kochen und Auftauen viel Zeit. Wer ein Mikrowellengerät hat, sollte es nach Möglichkeit also nutzen. Beachten Sie dabei die Herstellerangaben. Hier finden Sie, wie lange und bei welcher Wattzahl Lebensmittel im Gerät aufgetaut oder gekocht werden müssen.

Guter Vorrat – aus dem Vollen schöpfen

Eine geschickte Vorratshaltung spart Zeit und Geld: Wer Sonderangebote in größeren Mengen kauft und zu Hause entsprechend lagert, kann diese mit wenigen frischen Zutaten ganz schnell zu raffinierten Gerichten kombinieren. Gerade Berufstätige profitieren von diesem Prinzip: Sie brauchen nur die frischen Zutaten zu besorgen und können dann schnell etwas kochen.

BASICS IM VORRAT

✗ Trockenprodukte

Neben **Zucker, Mehl, Kartoffelpüree** und **Reis** sind **Nudeln** unentbehrlich. Die größte Vielfalt findet man bei italienischer Pasta – dünne sind schneller gar als dicke und frische noch schneller als getrocknete. Auch die meisten Asianudeln sind in wenigen Minuten fertig.

✗ Konserven

Manchmal kommt die gute alte Dose richtig gut: Aus geschälten **Tomaten** lassen sich rasch aromatische Saucen und Suppen bereiten und **Mais** peppt Ragouts auf. **Tomatenmark** und **Senf** verleihen Dressings und Saucen feine Würze, **Oliven** und **Kapern** sorgen in vielen Gerichten für Extra-Aromen.

✗ Gewürze

Ein kleines Grundsortiment aus **Pfeffer, Cayennepfeffer, Paprikapulver** und **getrockneten Kräutern,** z. B. Rosmarin, wäre optimal. Die Gewürze gut verschlossen und dunkel aufbewahren, damit sie nicht an Würzkraft verlieren. Tipp: Getrocknete Kräuter zwischen den Handballen zerreiben.

✗ Essig, Öl, Saucen & Suppen

Je 1 Flasche **Aceto balsamico und Weißweinessig** sowie je 1 Flasche **kaltgepresstes Olivenöl und neutrales Öl** (z. B. Sonnenblumenöl) sollten Sie immer zu Hause haben. Zum Abschmecken eignen sich **Sojasauce, Tabasco und Sambal Oelek.** Wichtig als Basis für Saucen und Suppen sind **Instant-Brühen** (Paste, Würfel oder gekörnt) und **Fonds** (aus dem Glas). Und mit einem hellen oder dunklen **Saucenbinder** gelingt jede Sauce im Handumdrehen, sie muss nur kurz köcheln.

✗ Kühlschrank

Butter, Sauermilchprodukte wie Joghurt oder Crème fraîche, **Milch** und **Eier** gehören in jeden Kühlschrank. Ein Stück **Parmesankäse,** in Pergament gewickelt, hält sich bis zu drei Wochen und schmeckt frisch auf Pasta gerieben einfach himmlisch.

✗ Keller & Speisekammer

In einem kühlen und dunklen Raum halten sich **Kartoffeln, Zwiebeln und Knoblauch** mehrere Wochen lang.

Reis in vielen Varianten

1

Ganz Eilige nehmen Schnellkochreis, der in ca. 8 Minuten fertig ist. Noch fixer geht es mit den neuen Express-Reissorten, die bereits gegart angeboten werden. Sie müssen nur noch im Topf oder in der Mikrowelle erwärmt werden.

2

Tiefkühlkost ist praktisch

Gemüse garen schneller als frische Ware, da sie vor dem Einfrieren blanchiert wurden. Gehackte Kräuter (als TK gekauft oder selbst eingefroren) sind schnell zum Würzen zur Hand. Und von Sonderangeboten von Fisch, Fleisch und Gemüse sollten Sie immer etwas mehr kaufen und nicht Benötigtes portionsweise einfrieren.

Salatmischungen

3

Sie gibt's abgepackt im Kühlregal in größeren Supermärkten. Die Salate sind schon geputzt und gewaschen und müssen nur noch mit den übrigen Zutaten gemischt werden. Achten Sie beim Einkauf auf einwandfreie, knackige Salatblätter und das Mindesthaltbarkeitsdatum.

Blitzdesserts

Rote Grütze:
1/4 l Sauerkirschsaft mit 1 Zimtstange, 1 Stück unbehandelter Zitronenschale und 1 Msp. gemahlenem Ingwer aufkochen lassen.

5 EL Sauerkirschsaft mit 1 EL Speisestärke verquirlen. In den kochenden Saft rühren und zum Binden aufkochen lassen. Zimt und Zitronenschale herausnehmen.

300 g TK-Beeren in den angedickten Saft geben. Grütze in vier Dessertschälchen verteilen. 200 g Sahne mit 1 Päckchen Vanillezucker steif schlagen. Sahne auf der Grütze verteilen und 50 g Amarettini darüber bröseln.

Waffeltürmchen:
150 g Himbeeren verlesen oder TK-Himbeeren auftauen lassen.

250 g Sahnequark, 1 Päckchen Bourbon-Vanillezucker, 1/2 TL abgeriebene Zitronenschale und 2 EL Ahornsirup verrühren. Die Himbeeren einrühren.

4 Soft-Waffeln (Fertigprodukt) toasten und auf vier Dessertteller legen. Den Himbeerquark darauf verteilen und nach Belieben mit Schokoladenstreuseln verzieren.

Kokospudding:
1 Dose ungesüßte Kokosnussmilch (425 g) aufkochen lassen. 1 Päckchen Vanille-Puddingpulver, 75 ml Milch und 3 EL Zucker verrühren. In die kochende Kokosmilch rühren.

Den Pudding in vier Dessertschälchen verteilen und abkühlen lassen.

50 g Kokos-Chips und 1 EL braunen Zucker in einer Pfanne rösten und auf dem Pudding verteilen. Nach Belieben mit Melisse garnieren.

Exoten-Obstsalat:
1 Ananas schälen, vierteln, holzigen Strunk entfernen. Fruchtfleisch in Stücke schneiden.

1 reife Papaya halbieren, entkernen, schälen und in Stücke schneiden.

1 Mango schälen, Fruchtfleisch vom Kern schneiden und würfeln.

50 g Zucker in einer Pfanne karamellisieren lassen. Mit dem Saft von 1 Limette und 2 EL Wasser ablöschen und unter Rühren auflösen. 2 EL weißen Rum zugeben. Alles mit der abgeriebenen Schale von 1 Limette mischen.

Krokant-Eis:

Vier Dessertschalen nebeneinander in den Gefrierschrank stellen.

200 g Sahne steif schlagen. 750 ml Vanilleeiscreme grob würfeln und mit den Knethaken des Handrührgeräts durcharbeiten.

Die Sahne unterrühren. 100 g Haselnusskrokant (Fertigprodukt) unterrühren. In die Dessertschalen füllen. Fertige Schokoladensauce dazureichen.

Himbeer-Trifle:

300 g fertigen Sandkuchen würfeln, in eine Schüssel füllen und mit 5 EL Sherry oder Orangensaft beträufeln.

75 g rotes Johannisbeergelee und 2 EL Cassis-Likör oder Grenadine erwärmen und über die Kuchenwürfel gießen.

250 g Himbeeren verlesen und darauf streuen. 500 g Vanillepudding (Fertigprodukt; Kühlregal) kurz durchrühren und auf die Früchte geben.

200 g Sahne mit 1 Päckchen Vanillezucker steif schlagen, in einen Spritzbeutel geben und Rosetten auf das Dessert spritzen.

Lauwarmer Grieß:

1/2 l Milch, das Mark von 1/2 Vanilleschote, 1 Prise Salz und 75 g Zucker aufkochen lassen. 75 g Weizengrieß einstreuen und aufkochen lassen.

1 TL abgeriebene Zitronenschale unterrühren. 2 Eigelbe mit etwas Grießmasse verrühren, in den übrigen Grieß rühren.

2 Eiweiße steif schlagen und unterheben. Den Grieß in vier Dessertschalen füllen.

500 g Erdbeeren waschen, putzen und pürieren. Mit 2 EL Puderzucker und nach Belieben 1 EL Kirschwasser verrühren. Zum Grieß reichen.

Rotweinbirnen:

4 Birnen schälen, entkernen und in Spalten schneiden. In 300 ml Rotwein mit 50 g Zucker, 1 Zimtstange, 1 Sternanis und 1 Stück unbehandelter Orangenschale ca. 5 Min. kochen lassen.

1 gehäuften TL Speisestärke und etwas kaltes Wasser glatt rühren. Zimt, Anis und Orangenschale aus dem Kompott nehmen. Angerührte Stärke in den kochenden Wein rühren und nochmals aufkochen lassen.

Nach Belieben mit Birnengeist abschmecken. Noch heiß mit Schokoladeneis servieren.

Frisch und gesund: Blitz-Salate

Diese Salate überraschen durch ihre Raffinesse: Beliebte Zutaten aus der mediterranen Küche wie Pesto, Oliven und getrocknete Tomaten, asiatische Spezialitäten wie Ingwer und Sambal Oelek oder orientalische Köstlichkeiten wie Bulgur und Minze werden mit viel frischem Gemüse kombiniert. I-Tüpfelchen sind die würzigen Dressings. Diese vitaminreichen Salate kann man nicht oft genug servieren, zumal sie so schnell zubereitet sind!

Blitzrezepte

Apfel-Curry-Salat

FÜR 4 PERSONEN

➤ **10 g Ingwer | 150 g Salatmayonnaise 150 g Crème fraîche | 2 EL Zitronensaft 1 TL Currypulver | Salz | schwarzer Pfeffer | 30 g gehobelte Haselnüsse 2 Kolben Chicorée (300 g) | 2 große Möhren (300 g) | 2 rote Äpfel (300 g)**

1 | Ingwer schälen, reiben. Mit Mayonnaise und Crème fraîche verrühren. Mit Zitronensaft, Curry, Salz und Pfeffer würzen. Nüsse in einer Pfanne rösten.

2 | Chicorée waschen, putzen und in Streifen schneiden. Möhren waschen, schälen und grob raspeln. Äpfel waschen und um das Gehäuse herum grob raspeln. Alles mischen und anrichten. Mit den gerösteten Haselnüssen bestreuen.

Bohnensalat mit Ajvar-Dickmilch

FÜR 4 PERSONEN

➤ **200 g Dickmilch | 100 g Ajvar (scharfe Paprikapaste; Glas) | Salz | Pfeffer 1 Bund Dill | 4 Frühlingszwiebeln 250 g gegarte Rote Bete (Packung) 1 Dose dicke weiße Bohnenkerne (400 g)**

1 | Dickmilch und Ajvar verrühren. Mit Salz und Pfeffer abschmecken. Dill waschen, trockenschütteln, fein schneiden und Dill in das Dressing rühren.

2 | Zwiebeln putzen, waschen und in Ringe schneiden. Rote Bete in Scheiben schneiden. Bohnen abgießen, kalt abbrausen und abtropfen lassen. Alles mit dem Dressing mischen und anrichten.

für Gäste | raffiniert

Avocado-Hähnchen-Salat

FÜR 4 PERSONEN

- 1 Knoblauchzehe
- 300 g Vollmilch-Joghurt
- 4 EL Limettensaft
- 1 Packung TK-8-Kräutermischung (25 g)
- Salz | weißer Pfeffer
- 400 g Hähnchenfilets
- 3 EL Olivenöl
- 2 rote Paprikaschoten
- 2 reife Avocados (400 g)

Zubereitung: 20 Min.
➤ Pro Portion ca.: 410 kcal

1 | Knoblauch schälen und zum Joghurt pressen. Mit 2 EL Limettensaft und Kräutern verrühren. Mit Salz und Pfeffer würzen.

2 | Fleisch in feine Streifen schneiden. Öl in einer großen Pfanne erhitzen und das Fleisch knusprig braun braten. Mit Salz und Pfeffer würzen. Inzwischen Paprika putzen, waschen und grob würfeln. Fleisch aus der Pfanne nehmen. Paprika kurz im Bratöl andünsten.

3 | Avocados halbieren und die Kerne herauslösen. Avocados schälen. Fruchtfleisch in Würfel schneiden und mit 2 EL Limettensaft beträufeln, damit es sich nicht verfärbt.

4 | Paprika, Avocados und Hähnchenfiletstreifen auf einer Platte anrichten. Das Joghurt-Dressing zu dem Avocadosalat reichen.

➤ Beilage: frisches Baguette
➤ Getränk: Weißwein, z. B. Entre-Deux-Mers oder Pinot Grigio

vegetarisch | mediterran

Lauwarmer Radicchiosalat

FÜR 4 PERSONEN

- 40 g Sonnenblumenkerne
- 1 Dose Artischockenherzen (400 g)
- 2 Köpfe Radicchio (300 g)
- 250 g Kirschtomaten
- 4 EL Olivenöl
- 3 EL Aceto balsamico
- Salz | weißer Pfeffer
- 50 g Alfalfasprossen
- 75 g Pecorino, frisch in feine Späne gehobelt

Zubereitung: 15 Min.
➤ Pro Portion ca.: 275 kcal

1 | Sonnenblumenkerne in einer Pfanne ohne Fett rösten und herausnehmen.

2 | Inzwischen Artischockenherzen abtropfen lassen und halbieren. Radicchio waschen, putzen und in dicke Spalten schneiden. Kirschtomaten waschen und halbieren.

3 | Olivenöl in einer Pfanne erhitzen. Radicchio darin von beiden Seiten anbraten, dann herausnehmen.

4 | Bratöl mit Essig ablöschen. Mit Salz und Pfeffer würzen.

5 | Artischockenherzen, Radicchio und Tomaten auf einer Platte anrichten. Mit der Vinaigrette beträufeln. Alfalfasprossen darauf verteilen. Mit den Sonnenblumenkernen bestreuen. Pecorinospäne darauf verteilen.

➤ Beilage: Ciabatta mit Oliven
➤ Getränk: italienischer Rotwein, z. B. Vino Nobile de Montepulciano

im Bild vorne: **Lauwarmer Radicchiosalat** *im Bild hinten:* **Avocado-Hähnchen-Salat** ➤

fürs Büfett | frisch

Bulgur-Minz-Salat

FÜR 4 PERSONEN

- **250 g feiner Bulgur (Weizenschrot)**
- **2 Knoblauchzehen**
- **1 Bund Minze**
- **4 EL Zitronensaft**
- **Salz | weißer Pfeffer**
- **6 EL Olivenöl**
- **2 Frühlingszwiebeln**
- **1 Salatgurke**
- **400 g Tomaten**
- **1 Kopf Endiviensalat**

Zubereitung: 20 Min.
➤ Pro Portion ca.: 375 kcal

1 | 300 ml Wasser aufkochen lassen. Bulgur in einer Schüssel mit dem Wasser übergießen. 15 Min. quellen lassen, dabei zwischendurch mit einer Gabel auflockern.

2 | Knoblauch schälen. Minze waschen, trockenschütteln, die Blättchen hacken. Zitronensaft, Salz und Pfeffer verrühren. Knoblauch dazupressen. Olivenöl darunter schlagen. Minze unterrühren. Unter den Bulgur mischen.

3 | Frühlingszwiebeln putzen, waschen und in Ringe schneiden. Gurke waschen, schälen, längs halbieren und in Scheiben schneiden. Tomaten waschen, putzen und in Spalten schneiden. Endiviensalat putzen, waschen und trockenschleudern. Salatblätter in Stücke zupfen.

4 | Vorbereitetes Gemüse und Endiviensalat zum Bulgur geben und alles vorsichtig mischen. Den Salat mit Salz und Pfeffer abschmecken.

raffiniert | für Gäste

Lammfilet-Rucola-Salat

FÜR 4 PERSONEN

- **30 g Walnusskerne**
- **4 EL Olivenöl**
- **2 Knoblauchzehen**
- **200 g Lammfilets**
- **4 Zweige Thymian**
- **Salz**
- **schwarzer Pfeffer**
- **200 g kleine Austernpilze**
- **75 g Rucola**
- **4 EL Aceto balsamico**
- **1 EL Walnussöl**
- **Alufolie**

Zubereitung: 20 Min.
➤ Pro Portion ca.: 235 kcal

1 | Walnüsse grob hacken und in einer Pfanne ohne Fett rösten, gleich herausnehmen.

2 | 2 EL Olivenöl in der Pfanne erhitzen. Knoblauch schälen. Die Lammfilets im Öl unter gelegentlichem Wenden 5 Min. braten. Knoblauch dazupressen. Inzwischen Thymian waschen, trockenschütteln und hacken. Zum Ende der Bratzeit zu den Lammfilets geben. Mit Salz und Pfeffer würzen. Filets herausnehmen und in Alufolie wickeln.

3 | 2 EL Olivenöl in der Pfanne erhitzen. Austernpilze abreiben und im Öl ca. 5 Min. braten. Mit Salz und Pfeffer würzen, herausnehmen.

4 | Rucola putzen, waschen und trockenschleudern. Mit den Pilzen anrichten. Bratensatz mit Essig ablöschen, mit Salz und Pfeffer würzen. Walnussöl unterrühren. Filets auf den Salat legen. Vinaigrette darüber träufeln. Mit Nüssen bestreuen.

im Bild vorne: **Lammfilet-Rucola-Salat** *im Bild hinten:* **Bulgur-Minz-Salat** ➤

gut vorzubereiten

Nudelsalat mit Pesto

FÜR 4 PERSONEN

- Salz
- 150 g getrocknete Tomaten (in Öl)
- 300 g Penne rigate
- 80 g Pesto (Glas)
- 3 EL Weißweinessig
- weißer Pfeffer
- 100 g Kapernäpfel (Glas)
- 1 Fenchelknolle (200 g)

Zubereitung: 20 Min.
Pro Portion ca.: 500 kcal

1 | Reichlich Salzwasser in einem großen Topf aufkochen lassen. Inzwischen Tomaten abtropfen lassen, das Öl dabei auffangen. Tomaten in Streifen schneiden.

2 | Penne im Salzwasser ca. 10 Min. kochen. Inzwischen Pesto, Essig und 4 EL Tomatenöl verrühren. Mit Salz und Pfeffer abschmecken.

3 | Kapernäpfel abtropfen lassen, Stiele entfernen und halbieren. Fenchel waschen und putzen. Grün beiseite legen. Fenchel halbieren, Strunk herausschneiden und Fenchel in dünne Streifen schneiden.

4 | Penne abgießen, kalt abschrecken und gut abtropfen lassen. Penne, Fenchel, Tomaten, Kapernäpfel und Pesto-Vinaigrette gut mischen. Abschmecken, mit Fenchelgrün garniert servieren.

gelingt leicht

Basmatisalat mit Mohn-Honig-Sauce

FÜR 4 PERSONEN

- Salz
- 250 g Basmatireis (10 Min. Kochzeit)
- 300 g Fischfilet (z. B. Lachs oder Lengfisch)
- 5 EL Reisessig
- weißer Pfeffer
- 30 g frisch gemahlener Mohn (Reformhaus)
- 5 EL Sojaöl
- 2 rote Paprikaschoten
- 1 TL Sambal Oelek
- 2 EL Akazienhonig

Zubereitung: 20 Min.
Pro Portion ca.: 570 kcal

1 | 600 ml Salzwasser aufkochen lassen. Basmatireis darin bei schwacher Hitze ca. 10 Min. ausquellen lassen.

2 | Inzwischen Fisch würfeln. Mit 1 EL Reisessig beträufeln. Mit Salz und Pfeffer würzen.

3 | Mohn in einer Pfanne ohne Fett rösten und herausnehmen. 2 EL Öl in der Pfanne erhitzen. Fischwürfel darin rundherum ca. 3 Min. braten, dann herausnehmen.

4 | Inzwischen Paprika putzen, waschen und in dünne Streifen schneiden. Basmatireis kalt abschrecken und gut abtropfen lassen.

5 | 4 EL Reisessig, Sambal Oelek, Akazienhonig und Mohn verrühren. Mit Salz und Pfeffer abschmecken. 3 EL Öl unterrühren. Reis, Paprika und Sauce mischen und anrichten. Fischwürfel darauf verteilen.

Getränk: fruchtiger Weißwein, z. B. Riesling

im Bild vorne: Nudelsalat mit Pesto *im Bild hinten:* Basmatisalat mit Mohn-Honig-Sauce ➤

Turboschnell: Lieblings-Pasta

Es müssen nicht immer Spaghetti mit Tomatensauce sein. Hier finden Sie Kreationen, die frischen Wind in Ihre Nudel-Küche bringen. Wenn Sie erst ein Rezept davon gekostet haben, möchten Sie garantiert auch die anderen probieren. Das sind garantiert neue Rezepte, die Sie am liebsten täglich genießen wollen!

Blitzrezepte

Spaghetti in Pestosahne

FÜR 4 PERSONEN

➤ **Salz | 2 EL Olivenöl | 1 Zwiebel | 250 g Sahne | 400 g Spaghetti | 4 EL Pesto (Glas) | Pfeffer | 1 EL Saucenbinder 50 g Parmesan, frisch gerieben**

1 | Reichlich Salzwasser in einem Topf aufkochen lassen. Öl erhitzen. Zwiebel schälen, fein würfeln und im Öl glasig dünsten. Sahne dazugeben und aufkochen lassen.

2 | Spaghetti im Salzwasser bissfest garen. Pesto in die Sahne rühren. Sauce mit Salz und Pfeffer abschmecken. Mit Saucenbinder binden. Spaghetti abgießen, abtropfen lassen und mit der Sauce in einer Schüssel mischen. Käse dazureichen.

Farfalle mit Schafkäse-Oliven-Creme

FÜR 4 PERSONEN

➤ **Salz | 1 Bund Schnittlauch | 80 g entsteinte schwarze Oliven | 400 g Farfalle 300 g Schafkäse | 8 EL Milch | 1 Knoblauchzehe | Pfeffer**

1 | Reichlich Salzwasser in einem Topf aufkochen lassen. Schnittlauch waschen, in Röllchen schneiden. Oliven hacken.

2 | Farfalle im Salzwasser ca. 10 Min. kochen. Schafkäse zerbröckeln, mit Milch pürieren. Knoblauch schälen und dazupressen. Fast allen Schnittlauch und Oliven unterrühren. Mit Pfeffer und eventuell Salz abschmecken. Farfalle abtropfen lassen und mit der Sauce anrichten. Mit übrigem Schnittlauch bestreuen.

gelingt leicht | preiswert

Pappardelle in Klößchensauce

FÜR 4 PORTIONEN

- **Salz**
  2 EL Öl
  3 ungebrühte feine Kalbsbratwürste (ca. 300 g)
  2 Zwiebeln
  2 Knoblauchzehen
  1 große Dose Tomaten (850 g)
  400 g Pappardelle
  1 Bund glatte Petersilie
  2 EL Kapern
  schwarzer Pfeffer | Zucker
  100 g Pecorino, frisch gerieben

Zubereitung: 20 Min.
➤ Pro Portion ca.: 770 kcal

1 | Reichlich Salzwasser aufkochen lassen. Öl in einer beschichteten Pfanne erhitzen. Wurstbrät direkt aus der Haut als Klößchen ins Öl drücken, ca. 5 Min. braten.

2 | Inzwischen Zwiebeln und Knoblauch schälen, Zwiebeln fein würfeln. Bällchen aus der Pfanne nehmen. Zwiebeln im Bratfett glasig dünsten. Knoblauch dazupressen. Mit Tomaten samt Saft ablöschen. Tomaten zerdrücken. Sauce ca. 8 Min. offen köcheln lassen.

3 | Pappardelle im Salzwasser garen. Petersilie waschen, trockenschütteln und hacken. Bällchen und Kapern in der Sauce erwärmen. Mit Salz, Pfeffer und Zucker abschmecken. Nudeln abgießen, anrichten. Sauce darüber geben. Mit Petersilie bestreuen. Käse dazureichen.

➤ Getränk: Rotwein, z. B. Pfälzer Dornfelder

raffiniert | ohne Fleisch

Spaghettini mit Lachswürfeln

FÜR 4 PERSONEN

- **Salz**
  1 unbehandelte Zitrone
  400 g Lachsfilet
  weißer Pfeffer
  1 Schalotte | 2 EL Öl
  400 g Spaghettini
  250 g saure Sahne
  1 TL Speisestärke
  1 Bund Melisse

Zubereitung: 20 Min.
➤ Pro Portion ca.: 690 kcal

1 | Reichlich Salzwasser in einem Topf aufkochen lassen. Zitrone waschen, trockenreiben und 1-2 TL Schale abreiben. Zitrone auspressen. Lachs würfeln und mit 1 EL Zitronensaft beträufeln. Mit Salz und Pfeffer würzen. Schalotte schälen und fein würfeln.

2 | Öl in einer beschichteten Pfanne erhitzen. Lachswürfel im Öl rundherum ca. 3 Min. braten und herausnehmen. Schalotte im Bratfett glasig dünsten.

3 | Gleichzeitig Spaghettini im Salzwasser ca. 5 Min. garen. Saure Sahne mit Stärke und Zitronenschale verquirlen. Schalotte damit ablöschen und aufkochen lassen. Nudelwasser zugeben, bis die Sauce dickflüssig ist. Sauce mit etwas Zitronensaft, Salz und Pfeffer abschmecken.

4 | Melisse hacken. Lachs in der Sauce erhitzen. Spaghettini abgießen, abtropfen lassen und mit der Sauce anrichten. Mit Melisse bestreuen.

im Bild vorne: **Spaghettini mit Lachswürfeln** *im Bild hinten:* **Pappardelle in Klößchensauce** ➤

vegetarisch | würzig

Linguine in Rucolasauce

FÜR 4 PERSONEN

- Salz
- 75 g Rucola
- 100 g getrocknete Tomaten (in Öl)
- 1 große Knoblauchzehe
- 400 g Linguine
- 5 EL Olivenöl
- 50 g Parmesan, frisch gerieben
- schwarzer Pfeffer
- Rucola zum Garnieren

Zubereitung: 20 Min.
➤ Pro Portion ca.: 595 kcal

1 | Reichlich Salzwasser in einem großen Topf aufkochen lassen. Rucola waschen, trockenschleudern, putzen und Stücke schneiden. Tomaten abtropfen lassen, das Öl dabei auffangen. Die Tomaten in Stücke schneiden. Knoblauch schälen und in dicke Scheiben schneiden.

2 | Die Linguine im Wasser ca. 6 Min. garen. Inzwischen Rucola, Tomaten, Knoblauch, 4 EL Tomatenöl und Olivenöl pürieren. Parmesan unterrühren. Mit Salz und Pfeffer abschmecken.

3 | Nudeln abgießen, abtropfen lassen und in eine vorgewärmte Schüssel geben. Mit der Rucolasauce mischen. Mit Rucola garnieren.

➤ Getränk: italienischer Rotwein, z. B. Chianti classico

raffiniert | preiswert

Orecchiette mit Salbei-Leber

FÜR 4 PERSONEN

- Salz
- 3 Zwiebeln
- 2 Knoblauchzehen
- 3 Stängel Salbei
- 300 g Geflügelleber
- schwarzer Pfeffer
- 1 EL Mehl
- 5 EL Olivenöl
- 400 g Orecchiette
- 1/8 l Weißwein (ersatzweise Hühnerbrühe)
- 1/4 l Hühnerbrühe (Instant)
- 2 EL dunkler Saucenbinder

Zubereitung: 20 Min.
➤ Pro Portion ca.: 815 kcal

1 | Reichlich Salzwasser aufkochen lassen. Zwiebeln schälen und in Streifen schneiden. Knoblauch schälen. Salbeiblättchen in Streifen schneiden. Geflügelleber putzen, waschen, trockentupfen und etwas kleiner schneiden. Mit Salz und Pfeffer würzen und im Mehl wenden.

2 | Öl in einer Pfanne erhitzen. Orecchiette im Salzwasser ca. 10 Min. garen. Leber und Zwiebeln im Öl anbraten. Salbei zugeben und mit Wein und Brühe ablöschen. Ca. 5 Min. köcheln lassen. Mit Saucenbinder binden und abschmecken. Orecchiette abtropfen lassen und mit der Lebersauce anrichten.

➤ Getränk: italienischer Weißwein, z. B. Pinot Grigio

TIPPS

➤ Sie können auch Kalbsleber verwenden. Sie ist zwar teurer, macht das Gericht aber feiner.

➤ Braten Sie die Leber bei mittlerer Hitze, damit sie schön zart bleibt. Zu hohe Temperaturen machen sie ledrig.

im Bild vorne: **Orecchiette mit Salbei-Leber** *im Bild hinten:* **Linguine in Rucolasauce** ➤

raffiniert | für Gäste

Tortiglioni in Portwein-Butter-Sauce

FÜR 4 PERSONEN

➤ Salz
1 Schalotte
80 ml weißer Portwein
400 g Tortiglioni
100 g Serrano-Schinken
125 g kalte Butter
2 EL Sahne
weißer Pfeffer

Zubereitung: 20 Min.
➤ Pro Portion ca.: 760 kcal

1 | Reichlich Salzwasser in einem großen Topf aufkochen lassen. Schalotte schälen und fein würfeln. Schalotte, Portwein und Salz in einen Topf geben und offen ca. 5 Min. köcheln lassen.

2 | Tortiglioni im Salzwasser ca. 12 Min. kochen. Serrano-Schinken in Würfel schneiden. Butter in Würfel schneiden und kalt stellen.

3 | Sahne in den Portwein rühren. Butter mit einem Schneebesen stückchenweise zugeben und unter kräftigem Rühren unterschlagen. Sauce mit wenig Salz und Pfeffer abschmecken. Die Schinkenwürfel unterrühren.

4 | Tortiglioni abgießen, abtropfen lassen und in eine vorgewärmte Schüssel füllen. Mit der Portwein-Butter-Sauce mischen und servieren.

➤ Getränk: weißer Portwein

exotisch | pikant

Asianudeln in Erdnuss-Sauce

FÜR 4 PERSONEN

➤ 50 g Erdnusskerne
1 Knoblauchzehe
1 rote Chilischote
Salz
1 EL Sojaöl
250 g Rumpsteak
400 g chinesische Bandnudeln
3/8 l Gemüsebrühe (Instant)
150 g Erdnusscreme
Cayennepfeffer

Zubereitung: 15 Min.
➤ Pro Portion: ca. 815 kcal

1 | Erdnüsse in einer Pfanne ohne Fett rösten und herausnehmen. Knoblauch schälen. Chilischote längs einritzen und entkernen, waschen und hacken. Reichlich Salzwasser in einem Topf aufkochen lassen.

2 | Öl in einer Pfanne erhitzen. Rumpsteak in feine Streifen schneiden, im Öl kräftig anbraten und herausnehmen. Die Nudeln im Salzwasser ca. 3 Min. kochen.

3 | Knoblauchzehe in das Bratfett pressen. Chili zugeben und andünsten. Brühe zugeben und aufkochen lassen. Erdnusscreme darin unter Rühren auflösen. Die Fleischstreifen in die Sauce geben und darin erhitzen. Sauce mit Salz und Cayennepfeffer abschmecken.

4 | Nudeln abgießen, abtropfen lassen und in eine vorgewärmte Schüssel geben. Mit der Erdnuss-Sauce mischen und die Erdnüsse darüber streuen.

➤ Getränk: japanischer Pflaumenwein

◄ *im Bild vorne:* **Tortiglioni in Portwein-Butter-Sauce** *im Bild hinten:* **Asianudeln in Erdnuss-Sauce** einfach | vegetarisch

Maccheroncini in Gorgonzola-Wein-Sauce

FÜR 4 PERSONEN

- **Salz**
  30 g gehobelte Haselnüsse
  1 EL Olivenöl
  1 Knoblauchzehe
  1/8 l Weißwein
  1/8 l Gemüsebrühe (Instant)
  200 g Gorgonzola mit Mascarpone
  2 EL heller Saucenbinder
  400 g Maccheroncini
  schwarzer Pfeffer

Zubereitung: 15 Min.

- Pro Portion ca.: 660 kcal

1 | Reichlich Salzwasser in einem Topf aufkochen lassen. Nüsse in einer Pfanne ohne Fett rösten, herausnehmen.

2 | Öl in einem Topf erhitzen. Knoblauch schälen, hineinpressen und andünsten. Mit Wein und Brühe ablöschen und aufkochen lassen. Käse darin schmelzen. Mit Saucenbinder andicken.

3 | Maccheroncini in Stücke brechen und im Salzwasser ca. 8 Min. garen. Gorgonzolasauce mit wenig Salz und Pfeffer abschmecken.

4 | Maccheroncini abgießen, abtropfen lassen und mit der Sauce in einer vorgewärmten Schüssel mischen. Mit den Haselnüssen bestreuen und sofort servieren.

- Getränk: italienischer Weißwein, z. B. Vernaccia di San Gimignano

raffiniert | leicht

Fusilli mit Meeresfrüchten

FÜR 4 PERSONEN

- **300 g TK-Meeresfrüchte**
  Salz
  2 Knoblauchzehen
  3 Frühlingszwiebeln
  2 EL Olivenöl
  400 g Fusilli
  1 Packung stückige Tomaten (500 g)
  1 Bund Basilikum
  Zucker | weißer Pfeffer

Zubereitung: 20 Min.

- Pro Portion ca.: 510 kcal

1 | Meeresfrüchte im Beutel (siehe Seite 4) in heißes Wasser legen und auftauen lassen. Reichlich Salzwasser in einem Topf aufkochen lassen. Knoblauchzehen schälen. Frühlingszwiebeln waschen, putzen und in Ringe schneiden. Olivenöl in einer großen Pfanne erhitzen.

2 | Fusilli im Salzwasser ca. 13 Min. garen. Knoblauch in das heiße Öl pressen. Zwiebeln zugeben und andünsten. Meeresfrüchte abtropfen lassen und zugeben. Alles ca. 3 Min. braten.

3 | Tomaten zu den Meeresfrüchten geben und weitere 3 Min. schmoren. Basilikum waschen, trockenschütteln und hacken. In die Sauce rühren. Mit Salz, Zucker und Pfeffer würzen.

4 | Fusilli abgießen, abtropfen lassen und in eine vorgewärmte Schüssel geben. Mit der Meeresfrüchte-Sauce mischen und sofort servieren.

- Getränk: fruchtiger Rosé, z. B. Côtes de Provence

im Bild vorne: **Maccheroncini in Gorgonzola-Wein-Sauce** *im Bild hinten:* **Fusilli mit Meeresfrüchten**

Ruck-Zuck gerührt: Alles aus der Pfanne

Einfacher geht's nicht: Alle Zutaten werden vorbereitet – und dann ab in die Pfanne! Ob bodenständig oder von anderen Ländern inspiriert wie würzige Chorizo-Paella oder raffiniertes Kichererbsen-Puten-Curry: Alle Gerichte sind superschnell auf den Tisch gebracht – natürlich serviert in der Pfanne.

Blitzrezepte

Apfel-Wurst-Pfanne

FÜR 4 PERSONEN

➤ **3 EL Öl | 2 gebrühte, feine Bratwürste (250 g) | 500 g große Kartoffeln 200 ml Gemüsebrühe | 2 säuerliche Äpfel | Salz | Pfeffer | 1 Bund Majoran**

1 | Öl in einer Pfanne erhitzen. Wurst in Scheiben schneiden, im Öl 4 Min. braten.

2 | Kartoffeln schälen, waschen und würfeln. Wurst herausnehmen. Kartoffeln im Bratfett anbraten. Mit Brühe ablöschen und zugedeckt ca. 12 Min. schmoren.

3 | Äpfel vierteln, entkernen und in Spalten schneiden. Nach 8 Min. zu den Kartoffeln geben. Mit Salz und Pfeffer würzen. Majoran hacken. Wurst in der Pfanne erwärmen. Mit Majoran bestreuen.

Reispfanne

FÜR 4 PERSONEN

➤ **2 grüne Paprikaschoten | 2 Packungen Express-Langkornreis (à 250 g) 200 ml Gemüsebrühe | 1 Bund Petersilie | 1 Dose Kidneybohnen (400 g) Salz | Pfeffer | 100 g Schafkäse**

1 | Paprikaschoten putzen, waschen und grob würfeln. Mit dem Reis und der Brühe in eine Pfanne geben und ca. 5 Min. bei schwacher Hitze garen.

2 | Petersilie waschen, trockenschütteln und die Blättchen hacken. Bohnen abbrausen und ca. 2 Min. in der Pfanne mit erhitzen. Mit Salz und Pfeffer würzen. Schafkäse zerbröseln und mit der Petersilie auf die Reispfanne streuen.

ohne Fleisch | für Gäste

Knusperfisch-Pfanne

FÜR 4 PERSONEN

- **500 g Fischfilet (z. B. Leng- oder Schellfisch)**
- **1 EL Zitronensaft**
- **Salz | weißer Pfeffer**
- **30 g Butter**
- **1 EL Mehl**
- **2 Schmorgurken (ca. 750 g; ersatzweise Salatgurken)**
- **200 g Sahne**
- **1/2 Bund Dill**
- **2 EL grober Senf**

Zubereitung: 20 Min.
Pro Portion ca.: 350 kcal

1 | Fisch waschen, trockentupfen und grob würfen. Mit Zitronensaft beträufeln, mit Salz und Pfeffer würzen. Butter in einer Pfanne erhitzen. Fisch im Mehl wenden, in der Butter knusprig braten und herausnehmen.

2 | Inzwischen Gurken schälen, längs halbieren und die Kerne mit einem Teelöffel herausschaben. Gurken in dicke Scheiben schneiden und im Bratfett andünsten. Sahne zugießen. Mit Salz und Pfeffer würzen. Die Gurken zugedeckt bei mittlerer Hitze ca. 5 Min. schmoren.

3 | Inzwischen Dill waschen, trockenschütteln. Die Spitzen abzupfen und fein hacken. Senf und Dill in die Gurkenpfanne rühren, die Gurken abschmecken. Den Fisch darin erwärmen.

- Beilage: Kartoffelpüree, mit Dill gewürzt
- Getränk: Weißwein, z. B. Sauvignon Blanc

mediterran | einfach

Rührei auf Ciabatta-Brot

FÜR 4 PERSONEN

- **2 EL Olivenöl**
- **1 Knoblauchzehe**
- **1 Zwiebel**
- **2 kleine Zucchini (300 g)**
- **Salz | weißer Pfeffer**
- **1 Bund Basilikum**
- **8 Eier**
- **100 g Parmesan, frisch gerieben**
- **8 Scheiben Ciabatta-Brot**
- **8 Scheiben Parmaschinken**

Zubereitung: 15 Min.
Pro Portion ca.: 480 kcal

1 | Öl in einer großen Pfanne erhitzen. Knoblauch und Zwiebel schälen. Zwiebel fein würfeln und ins Öl geben. Knoblauch dazupressen und kurz andünsten. Zucchini putzen, waschen, grob raspeln und zugeben. Alles mit Salz und Pfeffer würzen und ca. 4 Min. braten.

2 | Inzwischen Basilikum waschen, trockenschütteln und die Blättchen hacken. Eier verquirlen. Parmesan und Basilikum unterrühren. Mit Salz und Pfeffer würzen.

3 | Eimasse zu den Zucchini geben und bei mittlerer Hitze stocken lassen, dabei gelegentlich mit einem Pfannenwender zusammenschieben.

4 | Inzwischen Ciabatta-Brot auf vier Tellern verteilen. Zucchini-Rührei darauf geben. Je 2 Scheiben Parmaschinken darauf legen.

- Getränk: Weißwein, z. B. Riesling

im Bild vorne: **Rührei auf Ciabatta-Brot** *im Bild hinten:* **Knusperfisch-Pfanne**

pikant | asiatisch

Kichererbsen-Puten-Curry

FÜR 4 PERSONEN

- 50 g gehobelte Mandeln
  2 EL Butterschmalz
  400 g Putenschnitzel
  Salz
  weißer Pfeffer
  1 EL mildes Currypulver
  300 g TK-Brokkoli
  200 ml Gemüsebrühe (Instant)
  1 rote Chilischote
  1 Dose Kichererbsen (400 g)
  200 g Sahne
  3 EL heller Saucenbinder

Zubereitung: 20 Min.

- Pro Portion ca.: 600 kcal

1 | Mandeln in einer trockenen Pfanne rösten. Schmalz erhitzen. Fleisch waschen, abtrocknen und in Streifen schneiden und anbraten. Mit Salz und Pfeffer würzen und herausnehmen.

2 | Den Curry im Bratfett anschwitzen. Brokkoli zugeben. Mit Brühe ablöschen, zugedeckt ca. 2 Min. dünsten.

3 | Chilischote längs aufritzen, entkernen, waschen und in Ringe schneiden. Kichererbsen abbrausen und abtropfen lassen. Beides zum Brokkoli geben und weitere 5 Min. dünsten.

4 | Sahne dazugießen und aufkochen lassen. Mit Saucenbinder binden. Mit Salz, Pfeffer und Curry abschmecken. Fleisch darin erhitzen. Mit Mandeln bestreuen.

- Beilage: Jasminreis
- Getränk: Pils

kalorienarm | exotisch

Hähnchen-Kokos-Pfanne

FÜR 4 PERSONEN

- 1 EL Butterschmalz
  300 g Hähnchenfilets
  Salz | weißer Pfeffer
  1 Bund Frühlingszwiebeln
  1 reife Mango (300 g)
  300 g TK-Brechbohnen
  1 TL gemahlener Koriander
  1 Dose ungesüßte Kokoscreme (400 ml)
  etwas Sambal Oelek
  Kokoschips zum Bestreuen

Zubereitung: 20 Min.

- Pro Portion ca.: 180 kcal

1 | Schmalz in einer Pfanne erhitzen. Fleisch würfeln, im Schmalz rundherum anbraten. Mit Salz und Pfeffer würzen und herausnehmen.

2 | Inzwischen Zwiebeln putzen, waschen und in Stücke schneiden. Mango schälen, Fruchtfleisch vom Kern schneiden und würfeln. Die Zwiebeln im Bratfett andünsten. Bohnen zugeben. Koriander kurz mitdünsten. Mit der Kokoscreme ablöschen und aufkochen lassen. Mit Salz, Pfeffer und Sambal Oelek würzen. Alles zugedeckt 8 Min. schmoren. Mango nach 4 Min. mitgaren.

3 | Hähnchenfleisch wieder in die Pfanne geben und erhitzen. Mit Salz, Pfeffer und Sambal Oelek abschmecken. Mit Kokoschips bestreuen.

- Beilage: Fladenbrot
- Getränk: Fruchtsaft, z. B. Mango- oder Maracujasaft

◄ *im Bild vorne:* **Hähnchen-Kokos-Pfanne** *im Bild hinten:* **Kichererbsen-Puten-Curry** pikant | preiswert

Mexiko-Pfanne

FÜR 4 PERSONEN

➤ **1 Zwiebel**
1 Knoblauchzehe
400 g Hackfleisch
1 Ei
2 EL Paniermehl
Salz | Chilipulver
2 EL Öl
1 Dose Maiskörner (340 g)
1 große Dose Tomaten (850 g)
4 Weizenmehl-Tortillas (Fertigprodukt)

Zubereitung: 20 Min.
➤ Pro Portion ca.: 785 kcal

1 | Zwiebel und Knoblauch schälen. Zwiebel würfeln. Mit dem Hack in eine Schüssel geben. Knoblauch dazupressen. Ei und Paniermehl zugeben, alles gut verkneten. Mit Salz und Chilipulver würzen.

2 | Öl in einer großen Pfanne erhitzen. Aus der Hackmasse Bällchen formen und im Öl rundherum anbraten.

3 | Inzwischen Mais abtropfen lassen. Tomaten in der Dose kleinschneiden. Mais und Tomaten mit Saft zu den Hackbällchen geben und alles offen ca. 8 Min. schmoren. Mit Salz und Chili würzen.

4 | Tortillas in einer Pfanne erhitzen. Zu der Mexiko-Pfanne reichen.

➤ Getränk: Mexikanisches Bier

Klassiker auf neue Art

Chorizo-Paella

FÜR 4 PERSONEN

➤ **150 g TK-Erbsen**
250 g Chorizo (im Stück)
6 EL Olivenöl
1 Gemüsezwiebel
2 Knoblauchzehen
2 rote Paprikaschoten
2 Packungen Express-Langkornreis (à 250 g)
1 Döschen Safranfäden
1/8 l Gemüsebrühe (Instant)
Salz | schwarzer Pfeffer

Zubereitung: 20 Min.
➤ Pro Portion ca.: 625 kcal

1 | Erbsen antauen lassen. Wurst grob würfeln. Öl in einer großen Pfanne erhitzen. Zwiebel schälen und grob würfeln. Knoblauch schälen. Wurst im Öl anbraten und herausnehmen. Zwiebel ins Bratöl geben. Knoblauch dazupressen und andünsten. Paprikaschoten putzen, waschen und in Stücke schneiden. Zur Zwiebel geben und ca. 5 Min. andünsten.

2 | Reis in die Pfanne geben und unter Rühren andünsten. Safran und Brühe zugeben. Zugedeckt ca. 2 Min. garen. Wurst und Erbsen zugeben und alles weitere 2 Min. zugedeckt schmoren. Mit Salz und Pfeffer abschmecken.

➤ Getränk: spanischer Rowein, z. B. Rioja

TIPPS

➤ Rühren Sie noch etwas heiße **Gemüsebrühe** in die Paellapfanne, falls die Flüssigkeit zu schnell verkocht.

➤ **Safranfäden** gibt's im Lebensmittelhandel im Gewürzregal. Statt der Fäden können Sie auch gemahlenen Safran verwenden.

im Bild vorne: **Chorizo-Paella** *im Bild hinten:* **Mexiko-Pfanne** ➤

fruchtig | exotisch

Karibische Schmorpfanne

FÜR 4 PERSONEN

- 3 EL Öl
- 400 g Schweineschnitzel
- Salz | weißer Pfeffer
- 400 g Bataten (Süßkartoffeln)
- 2 grüne Chilischoten
- 2 Knoblauchzehen
- 2 TL brauner Zucker
- 1 große Dose Tomaten (850 g)
- 1 Bund glatte Petersilie
- 1 Dose Ananasstücke (200 g)

Zubereitung: 20 Min.
Pro Portion ca.: 360 kcal

1 | Öl in einer großen Pfanne erhitzen. Fleisch in Streifen schneiden, im Öl kräftig anbraten. Mit Salz und Pfeffer würzen, herausnehmen. Süßkartoffeln schälen und in ca. 1 cm große Würfel schneiden.

2 | Kartoffeln im Bratöl braten. Chilis einritzen, entkernen, in Ringe schneiden, dazugeben. Knoblauch schälen, dazupressen. Mit Salz, Pfeffer und Zucker würzen. Mit 1/8 l Wasser ablöschen. Zugedeckt ca. 7 Min. schmoren.

3 | Tomaten in der Dose kleinschneiden, mit Saft zugeben. 4 Min. offen schmoren. Petersilie waschen und hacken. Ananas abtropfen lassen, Saft dabei auffangen. Ananas und Fleisch in der Pfanne erwärmen. Mit Salz, Pfeffer und 3 EL Saft würzen. Mit Petersilie bestreuen.

preiswert | einfach

Orientalische Pfanne

FÜR 4 PERSONEN

- 3 EL Öl | 1 Zwiebel
- 2 Knoblauchzehen
- 400 g gemischtes Hackfleisch
- 1 EL Tomatenmark
- 1 TL gemahlener Kreuzkümmel
- 2 kleine Zucchini (300 g)
- 1/8 l Gemüsebrühe (Instant)
- Salz | schwarzer Pfeffer
- 1 Dose dicke weiße Bohnenkerne (400 g)
- 1 Bund Minze
- 250 g Vollmilch-Joghurt

Zubereitung: 20 Min.
Pro Portion ca.: 450 kcal

1 | Öl in einer großen Pfanne erhitzen. Zwiebel und Knoblauch schälen. Zwiebel fein würfeln und im Öl glasig dünsten. Knoblauch dazupressen. Hack darin krümelig braten. Tomatenmark und Kreuzkümmel mitdünsten.

2 | Inzwischen Zucchini putzen, waschen und auf dem Gemüsehobel in Stifte schneiden. Kurz mitbraten. Mit Brühe ablöschen. Mit Salz und Pfeffer würzen und zugedeckt ca. 2 Min. schmoren.

3 | Bohnen abtropfen lassen, abbrausen und in die Pfanne geben. Weitere 5 Min. schmoren. Hackpfanne nochmals abschmecken.

4 | Minze waschen, trockenschütteln und Blättchen hacken. Mit dem Joghurt verrühren. Mit Salz und Pfeffer abschmecken. Joghurt zur Hackpfanne reichen. Dazu schmeckt Fladenbrot.

im Bild links: **Orientalische Pfanne** *im Bild rechts:* **Karibische Schmorpfanne**

Für Gäste: Raffinierte Schlemmerideen

Laden Sie sich auch gern liebe Freunde zum Essen ein? Wir haben die schönsten Schlemmergerichte, die Sie im Handumdrehen zubereiten können: Wenn es etwas Besonderes sein soll, probieren Sie feine Filetmedaillons, Entenbrust in Limettensauce oder gebratene Riesengarnelen. Preiswerter, aber genauso köstlich sind Gnocchi alla carbonara, knusprige Kartoffelpuffer und die würzig gefüllten Orient-Wraps. Da bleibt viel Zeit für ein gemütliches Beisammensein!

Blitzrezepte

Gnocchi alla carbonara

FÜR 4 PERSONEN

➤ **100 g durchwachsener Speck | Salz
2 Beutel Gnocchi (à 400 g; Kühlregal)
1 Knoblauchzehe | 100 g Parmesan, frisch gerieben | 3 Eier | 5 EL Sahne
Pfeffer | Muskatnuss | 1 Bund Petersilie**

1 | Speck würfeln und in einer Pfanne auslassen, herausnehmen. Reichlich Salzwasser aufkochen lassen. Gnocchi darin gar ziehen lassen. Knoblauch schälen, hacken.

2 | Knoblauch ins Speckfett pressen. Pfanne vom Herd ziehen. Parmesan, Eier, Sahne, Pfeffer und Muskat verquirlen.

3 | Gnocchi abgießen. Petersilie hacken. Gnocchi in die Pfanne geben. Eiersahne unterrühren. Mit Petersilie bestreuen.

Kartoffelpuffer mit Tiroler Speck

FÜR 4 PERSONEN

➤ **4 EL Öl | 1 mittelgroße Zwiebel | 150 g Crème fraîche | 100 g Dickmilch | 1 TL mittelscharfer Senf | Salz | Cayennepfeffer | 8 Kartoffelpuffer, tiefgekühlt (480 g) | 8 Scheiben Tiroler Speck
1 Beet Kresse**

1 | Je 2 EL Öl in zwei Pfannen erhitzen. Inzwischen Zwiebel schälen und fein würfeln. Mit Crème fraîche, Dickmilch, Senf, Salz und Cayennepfeffer verrühren.

2 | Puffer im heißen Öl von jeder Seite in ca. 3 Min. knusprig braun braten.

3 | Puffer, Dip und Speck anrichten. Kresse vom Beet schneiden und darüber streuen.

mediterran

Filetmedaillons mit Polenta

FÜR 4 PERSONEN

- **Salz | 200 g Polenta**
- **2 EL Öl**
- **8 Schweinemedaillons (à ca. 60 g)**
- **2 Tomaten**
- **2 Scheiben Cheddar**
- **schwarzer Pfeffer**
- **1/8 l Fleischbrühe (Instant)**
- **100 g Sahne**
- **2 EL heller Saucenbinder**
- **1 Päckchen tiefgefrorene italienische Kräuter (25 g)**

Zubereitung: 20 Min.

Pro Portion ca.: 490 kcal

1 | Salz und 3/4 l Wasser aufkochen lassen. Polenta langsam einstreuen und bei ganz schwacher Hitze unter gelegentlichem Rühren ca. 15 Min. ausquellen lassen.

2 | Inzwischen Backofen auf 200° vorheizen. Öl in einer großen Pfanne erhitzen. Medaillons trockentupfen. Tomaten waschen, putzen und in Scheiben schneiden. Cheddar vierteln.

3 | Medaillons im Öl je Seite ca. 2 Min. braten. Mit Salz und Pfeffer würzen. Auf eine ofenfeste Platte legen. Je 1 Scheibe Tomate und Käse darauf legen. Medaillons in den Ofen stellen und Käse schmelzen lassen.

4 | Bratensatz mit Brühe und Sahne ablöschen und aufkochen lassen. Mit Saucenbinder binden, abschmecken.

5 | Kräuter in die Polenta rühren. Mit Medaillons und Sauce servieren.

Getränk: Rotwein, z. B. Kalifornischer Zinfandel

Klassiker auf neue Art

Puten-Saltimbocca

FÜR 4 PERSONEN

- **150 g tiefgefrorene Erbsen**
- **2 Zwiebeln**
- **4 EL Olivenöl**
- **250 g 8-Minuten-Reis**
- **1/2 l Gemüsebrühe (Instant)**
- **4 Scheiben Parmaschinken**
- **8 kleine Putenschnitzel**
- **8 Salbeiblätter**
- **Salz | schwarzer Pfeffer**
- **50 g getrocknete Tomaten (in Öl)**
- **4 EL Marsala-Wein**
- **8 Holzspießchen**

Zubereitung: 20 Min.

Pro Portion ca.: 400 kcal

1 | Erbsen auftauen lassen. Zwiebeln schälen und würfeln. 2 EL Olivenöl in einem Topf erhitzen. Zwiebeln darin andünsten. Reis zugeben und andünsten. Mit Brühe ablöschen. Zugedeckt in ca. 10 Min. bei schwacher Hitze ausquellen lassen.

2 | Schinken quer halbieren. 2 EL Öl in einer Pfanne erhitzen. Schnitzel etwas flacher drücken. Mit je 1/2 Schinkenscheibe und 1 Salbeiblatt belegen, überklappen und feststecken. Fleisch im Öl je Seite ca. 2 Min. braten. Mit Salz und Pfeffer würzen.

3 | Inzwischen Tomaten in Streifen schneiden. Mit den Erbsen unter den Reis heben. 2 Min. köcheln lassen. Bratensatz mit Marsala ablöschen. Mit Fleisch und Erbsen-Reis anrichten.

im Bild vorne: **Puten-Saltimbocca** *im Bild hinten:* **Filetmedaillons mit Polenta**

asiatisch | gelingt leicht

Entenbrust in Limettensauce

FÜR 4 PERSONEN

- 2 Entenbrüste (à ca. 300 g)
  1 Limette
  1 Bund Frühlingszwiebeln
  Salz
  schwarzer Pfeffer
  1 EL brauner Zucker
  150 ml Geflügelfond (Glas)
  3 EL Sojasauce
  1 TL Speisestärke

Zubereitung: 20 Min.
- Pro Portion ca.: 395 kcal

1 | Backofen auf 200° vorheizen. Eine Pfanne ohne Fett erhitzen. Von den Entenbrüsten die Hautseiten rautenförmig einschneiden. In der Pfanne auf der Hautseite ca. 5 Min. anbraten, wenden und weitere 5 Min. braten.

2 | Inzwischen Limette heiß waschen, Schale abreiben. Limette auspressen. Frühlingszwiebeln putzen, waschen und in Stücke schneiden.

3 | Entenbrüste mit Salz und Pfeffer würzen, in Alufolie wickeln und in den Ofen legen. Entenfett bis auf 3 EL abgießen. Frühlingszwiebeln und Zucker im Fett ca. 3 Min. schmoren.

4 | Zwiebeln mit Fond, Limettensaft und Sojasauce ablöschen, aufkochen lassen, Limettenschale zugeben. Stärke mit etwas Wasser verrühren. Fond damit binden, aufkochen lassen und abschmecken. Alles anrichten.

- Beilage: Basmatireis
- Getränk: Riesling

aromatisch | mediterran

Fischfilets in Basilikumsahne

FÜR 4 PERSONEN

- 4 Fischfilets (z. B. Rotbarsch; à ca. 150 g)
  2 EL Zitronensaft
  Salz | weißer Pfeffer
  1 Zwiebel
  500 g kleine Tomaten
  1 Bund Basilikum
  40 g Butter
  200 g Sahne
  2 EL heller Saucenbinder
  80 g grüne Oliven

Zubereitung: 20 Min.
- Pro Portion ca.: 440 kcal

1 | Fischfilets mit Zitronensaft beträufeln. Mit Salz und Pfeffer würzen. Zwiebel schälen und würfeln. Tomaten waschen und halbieren. Basilikum waschen und die Blättchen abzupfen.

2 | Inzwischen 20 g Butter in einer beschichteten Pfanne erhitzen. Fischfilets darin von jeder Seite ca. 3 Min. braten. 20 g Butter in einem Topf erhitzen. Tomaten darin ca. 5 Min. schmoren.

3 | Fischfilets warm stellen. Zwiebel im Bratensatz andünsten. Mit Sahne ablöschen und aufkochen lassen. Basilikum zugeben und alles pürieren. Sauce in der Pfanne erhitzen, Saucenbinder nach Packungsanweisung einrühren und abschmecken.

4 | Oliven zu den Tomaten geben und abschmecken. Fisch, Sauce und Tomaten anrichten.

- Beilage: Tagliatelle

gelingt leicht | preiswert

Gefüllte Hähnchenfilets

FÜR 4 PERSONEN

- **4 EL Olivenöl**
- **4 Hähnchenfilets (à ca. 150 g)**
- **4 kleine Würfel Frischkäse mit Kräutern (à 25 g)**
- **Salz | weißer Pfeffer**
- **1 Zwiebel**
- **1 Knoblauchzehe**
- **600 g Zucchini**
- **1 Zweig Rosmarin**

Zubereitung: 20 Min.
Pro Portion ca.: 345 kcal

1 | 2 EL Olivenöl in einer Pfanne erhitzen. Hähnchenfilets trockentupfen. In jedes eine Tasche schneiden und je 1 Käsewürfel hineinstecken. Filets etwas andrücken und rundherum ca. 15 Min. braten. Mit Salz und Pfeffer würzen.

2 | Inzwischen Zwiebel und Knoblauch schälen. Zwiebel würfeln. Zucchini waschen, putzen und in Stücke schneiden. Rosmarin waschen, Nadeln abzupfen und hacken.

3 | 2 EL Olivenöl in einem Topf erhitzen. Zwiebel darin glasig dünsten. Knoblauch dazupressen. Zucchini und Rosmarin zugeben, kurz anbraten und zugedeckt ca. 8 Min. dünsten. Mit Salz und Pfeffer würzen. Hähnchenfilets und Zucchinigemüse anrichten.

➤ Beilage: Ciabatta-Brot

raffiniert | festlich

Lammlachse mit Champignons

FÜR 4 PERSONEN

- **500 g ausgelöster Lammrücken (Lammlachse)**
- **4 EL Olivenöl**
- **1 Zwiebel**
- **1 Knoblauchzehe**
- **400 g Champignons**
- **1/2 Bund Thymian**
- **Salz | schwarzer Pfeffer**
- **150 g Crème fraîche**

Zubereitung: 20 Min.
Pro Portion ca.: 335 kcal

1 | Lammlachse trockentupfen. 2 EL Olivenöl in einer Pfanne erhitzen. Zwiebel und Knoblauch schälen. Zwiebel würfeln. Fleisch im Öl je Seite ca. 4 Min. braten.

2 | Backofen auf 200° vorheizen. Champignons abreiben und vierteln. Thymian waschen, trockenschütteln und hacken. Kurz vor Ende der Bratzeit Zwiebel zum Fleisch geben, Knoblauch dazupressen und anbraten. Mit Salz, Pfeffer und dem gehackten Thymian würzen. Fleisch in Alufolie wickeln, in den Ofen legen.

3 | Die übrigen 2 EL Olivenöl in den Bratensatz geben. Champignons darin rundherum ca. 5 Min. braten. Crème fraîche zu den Champignons geben und aufkochen lassen. Mit Salz und Pfeffer würzen. Mit Lammlachsen und Champignons auf Tellern anrichten.

➤ Beilage: Kartoffelpüree, gewürzt mit Thymian und Muskat

TIPP
Lammlachse gibt's tiefgefroren im Supermarkt oder frisch bei einem gut sortierten Fleischer.

asiatisch | fürs Büfett

Gebratene Riesengarnelen

FÜR 4 PERSONEN

- **16 Riesengarnelenschwänze (ohne Schale; à ca. 30 g)**
- **8 Scheiben Parmaschinken**
- **20 g Butterschmalz**
- **1 Knoblauchzehe**
- **100 g Mango-Chutney (Glas)**
- **150 ml ungesüßte Kokosnusscreme (Dose)**
- **Salz | Chilipulver**

Zubereitung: 20 Min.

➤ Pro Portion ca.: 300 kcal

1 | Garnelen am Rücken längs einritzen und den Darm herausziehen. Garnelen waschen und mit Küchenpapier trockentupfen. Schinken längs halbieren. Butterschmalz in einer Pfanne erhitzen. Je 1 Schinkenstreifen um 1 Garnele wickeln. Garnelen von jeder Seite ca. 2 Min. braten.

2 | Knoblauch schälen, durch eine Knoblauchpresse ins Bratfett drücken und kurz mitbraten. Garnelen herausnehmen und warm stellen.

3 | Mango-Chutney und Kokoscreme in den Bratensatz geben und aufkochen lassen. Mit Salz und Chilipulver abschmecken.

4 | Garnelen und Kokossauce anrichten.

➤ Getränk: Weißwein, z. B. Entre-Deux-Mers

➤ Beilage: Fladenbrot oder Basmatireis

exotisch | würzig

Orient-Wraps

FÜR 4 PERSONEN

- **1 EL Olivenöl**
- **1 Zwiebel**
- **1 Knoblauchzehe**
- **200 g Lammhack**
- **1 Packung passierte Tomaten (200 g)**
- **Salz | weißer Pfeffer**
- **1 TL gemahlener Kreuzkümmel**
- **1/4 TL Zimtpulver**
- **1/4 Römersalat**
- **4 Weizen-Tortillas (Fertigprodukt)**
- **4 TL Tahin (Sesampaste)**

Zubereitung: 20 Min.

➤ Pro Portion ca.: 305 kcal

1 | Olivenöl in einer beschichteten Pfanne erhitzen. Zwiebel schälen und würfeln. Knoblauch schälen. Zwiebel im Öl andünsten, Knoblauch dazupressen. Lammhack zufügen und krümelig anbraten. Mit Tomaten ablöschen und aufkochen lassen. Mit Salz, Pfeffer, Kreuzkümmel und Zimt würzen. Ca. 5 Min. köcheln lassen.

2 | Inzwischen Römersalat putzen, waschen und in Streifen schneiden. Tortillas einzeln in einer trockenen Pfanne auf jeder Seite kurz braten und mit je 1 TL Tahin bestreichen. Hack und Salat darauf verteilen und einwickeln.

➤ Getränk: gekühlter Hibiskustee

TIPPS

➤ Manchem schmeckt Lammhack zu intensiv. Sie können es gut durch Rinderhack ersetzen.

➤ Die Tortillas am besten in einer beschichteten Pfanne erhitzen, dann können sie nicht ansetzen.

im Bild vorne: Gebratene Riesengarnelen *im Bild hinten:* Orient-Wraps ➤

Supergünstig: Köstliche 2-Euro-Gerichte

Hier können Sie den »Teuro« austricksen: Diese Gerichte kosten alle unter 2 Euro pro Person, manche sogar weniger als 1 Euro. Für alle, die zusätzlich Angebote im Supermarkt nutzen, wird's noch günstiger. Wenn diese preiswerten Gerichte erst auf dem Tisch stehen, kann jeder schmecken, dass man auch mit wenig Geld gut kochen kann. Und das sogar blitzschnell!

Blitzrezepte

Linsen-Eintopf

FÜR 4 PERSONEN

➤ **3 Zwiebeln | 200 g geräucherter durchwachsener Speck | 1 EL Öl | 1 TL gemahlener Koriander | 1 Dose Linsen mit Suppengrün (800 g) | Salz | Pfeffer
1 Bund Koriandergrün | 100 g Sahne**

1 | Zwiebeln schälen und würfeln. Speck in Streifen schneiden. Öl in einem Topf erhitzen. Speck und Zwiebeln darin anbraten. Koriander kurz mitdünsten. Linsen zugeben. Mit wenig Salz und Pfeffer würzen. Zugedeckt ca. 8 Min. garen.

2 | Inzwischen den Koriander waschen, trockenschütteln und die Blättchen abzupfen. Sahne in den Linsentopf rühren und erhitzen. Mit Koriander bestreuen und sofort servieren. Dazu schmeckt Brot.

Kartoffel-Käse-Suppe

FÜR 4 PERSONEN

➤ **2 Frühlingszwiebeln | 2 EL Olivenöl
1 1/4 l Gemüsebrühe | 1 Beutel Kartoffelpüree (3 Portionen; für 1/2 l Wasser)
Salz | schwarzer Pfeffer | 6 Scheiben Toastbrot | 50 g Butter | 1 Bund Petersilie | 200 g Sahne-Schmelzkäse**

1 | Frühlingszwiebeln putzen, in Ringe schneiden und im Öl andünsten. Mit der Brühe ablöschen und aufkochen lassen. Püreeflocken einrühren. Mit Salz und Pfeffer würzen. Ca. 5 Min. köcheln lassen.

2 | Toast entrinden, würfeln und in der heißen Butter rösten. Petersilie waschen und hacken. Käse in der Suppe schmelzen. Nochmals abschmecken und mit Petersilie bestreuen. Croûtons dazureichen.

gelingt leicht | würzig

Eier in Senf-Mais-Sauce

FÜR 4 PERSONEN

- **40 g Butter**
  1 Zwiebel
  30 g Mehl
  1/2 l Milch
  8 Eier
  1 Dose Maiskörner (340 g)
  1 Bund Estragon
  2 EL Dijon-Senf
  Salz | schwarzer Pfeffer
  Muskatnuss

Zubereitung: 20 Min.
- Pro Portion ca.: 580 kcal

1 | Butter in einem Topf erhitzen. Zwiebel schälen, fein würfeln und in der Butter glasig dünsten. Mehl darüber stäuben und anschwitzen. Mit Milch ablöschen und unter gelegentlichem Rühren ca. 8 Min. köcheln lassen.

2 | Inzwischen ein Fingerbreit Wasser in einem Topf aufkochen lassen. Eier anstechen und zugedeckt im Wasser ca. 5 Min. kochen. Mais abtropfen lassen. Estragon waschen, trockenschütteln und hacken.

3 | Eier abschrecken und schälen. Mais in der Sauce erhitzen. Senf einrühren. Mit Salz, Pfeffer und Muskat würzen.

4 | Eier halbieren und in die Sauce geben. Die Eier mit Estragon bestreut servieren.

- Beilage: Kartoffelpüree oder Reis
- Getränk: Fruchtsaft, Bier

vegetarisch | raffiniert

Champignon-Eier-Ragout

FÜR 4 PERSONEN

- **8 Eier**
  30 g Butter
  1 Zwiebel
  400 g Champignons
  1/4 l Gemüsebrühe (Instant)
  150 g Crème fraîche
  3 EL heller Saucenbinder
  Salz
  weißer Pfeffer
  1 EL Zitronensaft
  1 Bund Schnittlauch

Zubereitung: 20 Min.
- Pro Portion ca.: 395 kcal

1 | Ein Fingerbreit Wasser in einem Topf aufkochen lassen. Eier anstechen und zugedeckt darin ca. 10 Min. kochen.

2 | Inzwischen Butter in einem Topf erhitzen. Zwiebel schälen, fein würfeln und in der Butter glasig dünsten. Champignons abreiben, vierteln und in der Butter mit anbraten.

3 | Eier kalt abschrecken und schälen. Champignons mit Brühe ablöschen. Aufkochen lassen und Crème fraîche einrühren. Mit Saucenbinder andicken. Mit Salz, Pfeffer und Zitronensaft würzen.

4 | Eier halbieren und zu den Champignons geben. Schnittlauch waschen, trockenschütteln und in Röllchen schneiden. Auf das Ragout streuen.

- Beilage: Vollkornreis (gibt's auch als 10-Minuten-Reis)
- Getränk: Apfelsaftschorle

im Bild links: **Eier in Senf-Mais-Sauce** *im Bild rechts:* **Champignon-Eier-Ragout** ➤

vegetarisch | würzig

Couscous mit Schmorgemüse

FÜR 4 PERSONEN

- 3 EL Öl
- 1 Gemüsezwiebel (300 g)
- 2 Knoblauchzehen
- 3 dicke Möhren (300 g)
- 100 ml Weißwein (ersatzweise Gemüsebrühe)
- 2 Zucchini (300 g)
- 3/8 l Gemüsebrühe (Instant)
- 250 g Couscous
- 1 Packung passierte Tomaten (500 g)
- Salz | Pfeffer | Zucker
- 1/2 TL Harissa (Würzpaste in Glas oder Tube)
- 20 g Butter

Zubereitung: 20 Min.
Pro Portion ca.: 410 kcal

1 | Öl in einem Schmortopf erhitzen. Zwiebel und Knoblauch schälen. Zwiebel grob würfeln und im Öl andünsten. Knoblauch dazupressen. Möhren waschen, schälen, in Stücke schneiden und zur Zwiebel geben. Mit Wein ablöschen und zugedeckt 5 Min. schmoren. Zucchini putzen, waschen und kleinschneiden.

2 | Brühe aufkochen lassen. Zucchini zum Gemüse geben, 5 Min. zugedeckt schmoren. Couscous in die Brühe einstreuen. Zugedeckt bei schwacher Hitze 6 Min. quellen lassen. Tomaten zum Gemüse geben und erhitzen. Mit Salz, Pfeffer, Zucker und Harissa würzen.

3 | Butter zum Couscous geben und mit einer Gabel auflockern. Auf einer vorgewärmten Platte kreisförmig anrichten. Schmorgemüse in die Mitte geben.

exotisch | würzig

Currywirsing mit Hähnchen

FÜR 4 PERSONEN

- 50 g Mandelstifte
- 4 Hähnchenfilets (400 g)
- 2 EL Butterschmalz
- Salz | weißer Pfeffer
- 1 Zwiebel
- 1 junger Wirsing (800 g)
- 1 EL mildes Currypulver
- 200 g Sahne
- 1/8 l Gemüsebrühe (Instant)
- 1/2 TL Sambal Oelek
- 2 EL heller Saucenbinder

Zubereitung: 20 Min.
Pro Portion ca.: 455 kcal

1 | Mandeln in einer großen Pfanne ohne Fett goldbraun rösten und herausnehmen. Filets in Streifen schneiden. Butterschmalz in der Pfanne erhitzen und Fleisch darin anbraten. Salzen, pfeffern und herausnehmen.

2 | Inzwischen Zwiebel schälen und in Streifen schneiden. Wirsing putzen, waschen, vierteln und den Strunk herausschneiden. Wirsing in breite Streifen schneiden.

3 | Zwiebel und Curry im Bratfett andünsten. Wirsing zugeben und kurz anbraten. Mit Sahne und Brühe ablöschen. Mit Sambal Oelek, Salz und Pfeffer würzen. Zugedeckt 10 Min. schmoren.

4 | Schmorfond mit Saucenbinder andicken. Hähnchenfleisch darin erhitzen. Mit Mandeln bestreuen.

Beilage: Fladenbrot

im Bild links: Couscous mit Schmorgemüse *im Bild rechts:* Currywirsing mit Hähnchen würzig | raffiniert

Kräuter-Frikadellen mit Tomatensauce

FÜR 4 PERSONEN

- 1 Brötchen (vom Vortag)
- 1 Zwiebel
- 500 g gemischtes Hackfleisch | 2 Eier
- 2 Packungen TK-8-Kräutermischung (à 25 g)
- Salz | schwarzer Pfeffer
- 4 EL Öl
- 1 Knoblauchzehe
- 50 g Bacon (Frühstücksspeck)
- 1 Packung stückige Tomaten (500 g)
- Zucker

Zubereitung: 20 Min.

➤ Pro Portion ca.: 590 kcal

1 | Brötchen in warmem Wasser einweichen. Zwiebel schälen und würfeln. Brötchen ausdrücken, mit Hack, Eiern und 1 Packung TK-Kräutern verkneten. Mit Salz und Pfeffer würzen. 2 EL Öl in einer Pfanne erhitzen. Aus dem Hackteig 8 Frikadellen formen und im heißen Öl je Seite ca. 5 Min. braten.

2 | 2 EL Öl erhitzen. Knoblauch schälen. Bacon in Streifen schneiden, im Öl anbraten. Knoblauch dazupressen. Mit Tomaten ablöschen und 5 Min. offen einkochen lassen.

3 | Sauce mit Salz, Pfeffer und Zucker würzen. 1 Packung TK-Kräuter einrühren. Mit den Frikadellen anrichten.

➤ Beilage: Spätzle (Fertigprodukt, Kühlregal)

einfach | gelingt leicht

Bohnen-Hack-Topf

FÜR 4 PERSONEN

- 2 EL Olivenöl
- 2 Zwiebeln
- 2 Knoblauchzehen
- 400 g Rinderhackfleisch
- 2 Zucchini (300 g)
- 2 EL Tomatenmark
- 1 große Dose Tomaten (850 g)
- Salz | Cayennepfeffer
- Zucker
- 1 TL Zimtpulver
- 1 Dose Kidney-Bohnen (400 g)

Zubereitung: 20 Min.

➤ Pro Portion ca.: 535 kcal

1 | Olivenöl in einem großen Topf erhitzen. Zwiebeln und Knoblauch schälen. Zwiebeln in Streifen schneiden und im Öl andünsten. Knoblauch dazupressen. Hack zugeben und krümelig braten.

2 | Inzwischen Zucchini waschen, putzen und in Scheiben schneiden. Zum Hack geben und kurz andünsten. Tomatenmark unterrühren, kurz andünsten und mit 1/8 l Wasser und Tomaten mit Saft ablöschen. Tomaten etwas zerdrücken. Mit Salz, Cayennepfeffer, Zucker und Zimt würzen. Offen ca. 5 Min. köcheln lassen.

3 | Kidney-Bohnen kalt abgießen, abspülen, abtropfen lassen und im Eintopf erhitzen. Nochmals abschmecken.

➤ Beilage: knuspriges Graubrot

➤ Getränk: Rotwein, z. B. Merlot

im Bild vorne: **Kräuter-Frikadellen mit Tomatensauce** *im Bild hinten:* **Bohnen-Hack-Topf** ➤

würzig | gelingt leicht

Kasseler-Apfel-Ragout

FÜR 4 PERSONEN

➤ **3 EL Öl**
400 g ausgelöstes Kasselerkotelett
2 Stangen Lauch (350 g)
1 Zwiebel
1/4 l Gemüsebrühe (Instant)
Salz | schwarzer Pfeffer
2 säuerliche Äpfel (300 g)
40 g Butter
2 EL süßer Senf

◷ Zubereitung: 20 Min.
➤ Pro Portion ca.: 465 kcal

1 | Öl in einer großen Pfanne erhitzen. Kasseler in Würfel schneiden, im Öl rundherum braun braten und herausnehmen. Inzwischen Lauch putzen, waschen und in Ringe schneiden. Zwiebel schälen und in Ringe schneiden.

2 | Die Zwiebel und den Lauch im Bratöl andünsten. Mit Brühe ablöschen und aufkochen lassen, salzen und pfeffern. Zugedeckt 5 Min. schmoren.

3 | Inzwischen Äpfel waschen, vierteln und entkernen. Butter in einer zweiten Pfanne erhitzen. Apfelspalten darin braun anbraten und herausnehmen. Äpfel und Kasseler im Gemüse erhitzen. Mit Senf, Salz und Pfeffer würzen.

➤ Beilage: Kartoffelpüree mit Röstzwiebeln

pikant | gelingt leicht

Mettbällchen mit Rosmarin-Kartoffeln

FÜR 4 PERSONEN

➤ **4 EL Olivenöl**
600 g Kartoffeln
2 Knoblauchzehen
1 Zweig Rosmarin
200 ml Gemüsebrühe (Instant)
Salz | schwarzer Pfeffer
400 g Schweinemett
250 g TK-Erbsen
150 g schwarze Oliven

◷ Zubereitung: 20 Min.
➤ Pro Portion ca.: 610 kcal

1 | 2 EL Öl in einer Pfanne erhitzen. Kartoffeln gründlich waschen, in Spalten schneiden und im heißen Öl rundherum anbraten. Inzwischen Knoblauch schälen. Rosmarin waschen, trockenschütteln und Nadeln abzupfen. Knoblauch zu den Kartoffeln pressen. Rosmarin zugeben. Mit Brühe ablöschen. Mit Salz und Pfeffer würzen. Kartoffelspalten zugedeckt 8 Min. schmoren.

2 | 2 EL Öl in einer zweiten Pfanne erhitzen. Aus dem Mett mit angefeuchteten Händen kleine Bällchen formen und im Öl rundherum ca. 5 Min. braten.

3 | Erbsen und Oliven zu den Kartoffeln geben und weitere 5 Min. schmoren. Die Kartoffelpfanne abschmecken und zum Servieren die Mettbällchen untermischen.

TIPPS

➤ Mit getrocknetem Rosmarin geht's schneller und wird preiswerter.

➤ Besonders aromatisch sind die eingelegten Oliven, die es in Spezialitätenläden zu kaufen gibt.

im Bild links: **Mettbällchen mit Rosmarin-Kartoffeln** *im Bild rechts:* **Kasseler-Apfel-Ragout** ➤

Zum Gebrauch
Damit Sie Rezepte mit bestimmten Zutaten noch schneller finden können, stehen in diesem Register zusätzlich auch beliebte Zutaten wie Kartoffeln oder Tomaten – ebenfalls geordnet und **halbfett** gedruckt – über den entsprechenden Rezepten.

Der Autor

Volker Eggers, Koch und Ernährungswissenschaftler, arbeitet als freier Food-Journalist in Hamburg. Wie jeder Berufstätige hat er zu wenig Zeit, um stundenlang in der Küche zu stehen, es sei denn am Wochenende: Da kauft er gern auf dem Markt ein, um abends für Freunde gut zu kochen.
Für dieses Buch hat sich der Autor Rezepte einfallen lassen und ausprobiert, die schnell gemacht und trotzdem raffiniert sind.

Der Fotograf

Kai Mewes ist selbstständiger Food-Fotograf in München und arbeitet für Verlage und Werbung. Sein Studio mit Versuchsküche befindet sich in der Nähe des Viktualienmarktes. Die stimmungsvollen Bilder sind Ausdruck seiner Hingabe, Fotografie und kulinarischen Genuss zu vereinen. Das Foodstyling gestaltete Daniel Petri.

Bildnachweis

Titelbild: Jörn Rynio, Hamburg
alle anderen: Kai Mewes, München

Programmleitung: Doris Birk
Redaktion:
Stefanie Poziombka
Lektorat:
Adelheid Schmidt-Thomé
Korrektorat: Mischa Gallé
Layout, Typografie und Umschlaggestaltung:
Independent Medien Design, München
Satz:
Verlagssatz Lingner
Herstellung:
Helmut Giersberg
Reproduktion:
Repro Ludwig, Zell am See
Druck und Bindung:
Druckhaus Kaufmann, Lahr

ISBN (10) 3-7742-6075-3
ISBN (13) 978-3-7742-6075-7

Auflage 5. 4. 3.
Jahr 2007 06 05

GRÄFE UND UNZER
Ein Unternehmen der
GANSKE VERLAGSGRUPPE

Das Original mit Garantie

Ihre Meinung ist uns wichtig. Deshalb möchten wir Ihre Kritik, gerne aber auch Ihr Lob erfahren. Um als führender Ratgeberverlag für Sie noch besser zu werden. Darum: Schreiben Sie uns! Wir freuen uns auf Ihre Post und wünschen Ihnen viel Spaß mit Ihrem GU-Ratgeber.

Unsere Garantie: Sollte ein GU-Ratgeber einmal einen Fehler enthalten, schicken Sie uns das Buch mit einem kleinen Hinweis und der Quittung innerhalb von sechs Monaten nach dem Kauf zurück. Wir tauschen Ihnen den GU-Ratgeber gegen einen anderen zum gleichen oder ähnlichen Thema um.

GRÄFE UND UNZER VERLAG
Redaktion
Kochen & Verwöhnen
Postfach 86 03 25
81630 München
Fax: 089/41981-113
e-mail: leserservice@graefe-und-unzer.de

ZEIT SPAREND SCHNEIDEN

- Es kostet viel Zeit, jede Frühlingszwiebel oder Schinkenscheibe einzeln zu schneiden. Legen Sie deshalb die geputzten Frühlingszwiebeln längs nebeneinander. Dann können Sie mehrere zugleich in Ringe oder Stücke schneiden. Auch Schinkenscheiben aufeinander legen und alle mit einem Mal in feine Streifen oder Würfel schneiden.

Geling-Garantie für 20-Minuten-Gerichte

WASSER WILL NICHT SCHNELL AUFKOCHEN

- Das könnte daran liegen, dass der Topfboden nicht plan auf der Herdplatte steht, wie es häufig bei Aluminium- oder Emailtöpfen vorkommt. Hier hilft nur ein guter Topf mit glattem Boden, dessen Boden genauso groß ist wie die Herdplatte. Wasser kocht übrigens schneller, wenn es ungesalzen ist.

KÄSE REIBEN

- Legen Sie Käse, z. B. Gouda, für ca. 30 Minuten ins Gefrierfach. Er wird dann fester und kann leicht in feine Raspel gerieben werden. Hartkäse wie Parmesan oder Pecorino lässt sich gut reiben, wenn er direkt aus dem Kühlschrank kommt.

SPECK WÜRFELN

- Durchwachsener Speck ist, auch wenn er aus dem Kühlschrank kommt, meist recht weich. Er ist einfacher in kleine Würfel zu schneiden, wenn man ihn vorher für etwa 30 Minuten anfriert.